Mugido

poesia

Mugido
[ou diários de uma doula]

Marília Floôr Kosby

4ª edição

coragem

PORTO ALEGRE
2024

© Editora Coragem, 2024.
© Marília Floôr Kosby, 2018.

A reprodução e propagação sem fins comerciais do conteúdo desta publicação, parcial ou total, não somente é permitida como também é encorajada por nossos editores, desde que citadas as fontes.

www.editoracoragem.com.br
contato@editoracoragem.com.br
(51) 98014.2709

Projeto editorial: Camila Costa Silva e Thomás Daniel Vieira.
Revisão final: Nathália Cadore.
Capa: Iasmine Nique e Lorenzo Costa.

Porto Alegre, Rio Grande do Sul.
Primavera de 2024.

Dados Internacionais de Catalogação na Publicação (CIP)

K86m Kosby, Marília Floôr
Mugido [ou diários de uma doula] / Marília Floôr Kosby. –
3.ed. – Porto Alegre: Coragem, 2024.
96 p. : il. (poesia)

ISBN: 978-65-85243-27-8

1. Poesia – Literatura brasileira. 2. Literatura brasileira.
3. Poemas. 4. Literatura sul-riograndense. I. Título. II. Série.

CDU: 869.0(81)-1

Bibliotecária responsável: Jacira Gil Bernardes – CRB 10/463

para as vacas loucas.
e para china, uma cadela policial
que foi condenada à prisão perpétua
por cometer canibalismo,
não necessariamente nessa ordem.

Apresentação

"Um cara que não tem o pau cheio de bicheira, não tem história pra contar". Paulo gritava isso a Pedro, enquanto trocava a pilha do aparelho auditivo que o ajudava parcamente a aplacar a surdez já longeva, sequela da sífilis, contraída ainda no ventre de sua mãe. O pai de Paulo tinha muita história para contar. E sua mãe? Seria algum tipo de Sherazade das pampas, com mil e tantas histórias, de suas mil e uma noites? O assombro dessa pergunta, entre outros acontecimentos, impulsionou a escrita do livro que, ao cabo, chamei de *mugido [ou diários de uma doula]*. Aliás, não é apenas histórica e geográfica a intimidade entre os haréns e o surgimento dos primeiros rebanhos de bovinos domesticados, é também possível uma poética — deveras horripilante — do encontro entre a seleção de reprodutores e a emergência de uma certa honra masculina, um horror misógino, em nome dos quais corpos de mulheres podem ser ultrajados, torturados, aniquilados. Daí, quem sabe, a dupla, tripla, ofensa encarnada pela *vaca machorra*.

Talvez, o boi seja o eunuco dos rebanhos... Um touro tem honra? Não sei, mas imagino que um par de guampas seja um sonho realizado — ou pelo menos um destino bem traçado. Ganhar guampas como quem ganha, numa só dádiva, uma arma e o "motivo" para usá-la.

Certo é que o capitalismo não está muito preocupado com questões de honra, especialmente o capitalismo industrial, com suas matanças em escala industrial. Pedro Wayne, no romance *Xarqueada* (1937), escrito a partir de suas vivências nos estabelecimentos de fabricação de carne bovina salgada, no município gaúcho de Bagé, conta que, nos *saladeros*, da vaca ou do boi supliciado só não se aproveitava o mugido. Pois este mugido em suas mãos, cara leitora, caro leitor, denuncia nossa capacidade sem limites de tudo transformar em produto. Ante essa confissão, no entanto, encontro consolo na definição dada por Décio Pignatari, de que *"a poesia é a arte do anticonsumo"*. Se a poesia não é um luxo, como nos disse Audre Lorde, é bem verdade que se aproxima do que Adélia Prado (1999) tem por *"Arte*

> *Das tripas,*
> *coração."*

Certo também é que as mulheres somos muito diversas, singulares, por nossas origens, nossas cores, nossos modos de viver, nosso jeito de encarnar os corpos onde somos. Este livro é uma tentativa de escrita encarnada de uma mulher cis, brasileira branca, que nasceu e viveu a maior parte de sua vida no extremíssimo sul do Brasil e cujas experiências afetivo-sexuais passam muito ao largo dos padrões heteronormativos. "Matem a vaca machorra!". Quem, como eu, petrifica as tripas ao se deparar com esse enunciado, talvez alcance bem o que quero dizer aqui com escrita encarnada — nos termos de Glória Anzaldúa. Afirmo a singularidade desse modo de encarnar mulher porque não gostaria que ele fosse lido como universal, mas como mais uma entre tantas outras maneiras potentes de ser mulher. Com isso, arrasto comigo singularidades de medos, violências, alegrias, criações.

Esta é a quarta edição do livro mugido, a terceira brasileira. Eu nunca mais vou parar de escrever o mugido, de publicar o mugido, de encarná-lo.

M.F.K.
Porto Alegre, 2024, já rasas as águas
da enchente

Mugido

mmmmmm

mais ou menos que um livro, isto é um
êxodo
de uma tal condição humana

o mugido foi a ação escolhida para essa
desarticulação

parem pra ver uma vaca mugir
já nem digo ouvir
ouvir é difícil, o mugido de uma vaca
parem pra ver e procurem a próxima nota
em que palavra daria
aquela melodia
aquele esforço todo
de guela, olho, bucho, língua, rúmen

que fecunda epifania valeria
aquele esforço todo?

traduzam o mugido

esquece palavra
            nome
esquece coragem
            bosta
o metrô cardíaco
            cágado
etrangortártedo
blasferosmênico
            corestiandrômedro

            vivió em Mendoza
            cariorpincolêndoma
            rascurdidêndrio

isro
    orso
            maldro   palso

perde a língua
reio   fúmizo   losco
            a língua

oringomilengua
        torbuco eligra
faz-me toda tua pena
        pierme
        epidermeiederme
entre uma e outra
onde se agarra o pelo onde
se segura a penugem eriça-se
        oorzumbífeme
        oculparêndimo
ìrma   ciúde   pauri
gozo o broto
e se chovesse
me daria sede

eu vou virando outra
          coisa
por favor feito ao
cu do mundo
rompo pliegues por segundo
          e vou virando
outra coisa dentro do espaço
virado em roupa suja
rompo pregas por descuido

lavo saias feito casas
rompo
pregas por querer
e vou virando outra coisa

um furúnculo se abre
entre as pernas
e se fecha ao entardecer
viro outra coisa
          viro outra coisa
                    viro outra coisa

vou virando

outra coisa

viro a pata
do burro
no voo do coice
dói-me o esporro dado
mais do que a cara
a tapa

confio em ti
touca de meus añelos

confio a mim o rouco de teus pañuelos
as rimas bruscas
toscolíneas de arremeço
lanças no abutre gordo

o poeta velho paumolão
faz-me perguntas de pegar ratão
emparelha o redor
à meia-altura do seu tesão

      mas foge de mim a palavra
          como um bagual
          com os arreios
               passou-me cacilda
    passou-me cacilda encilhada
    pusera-a sempre em pelo no que
    esperava. Quando
    surgia
             me aparecia na nudez

de um cavalo manso. um
cavalo é manso
quando quer. eles decidem
eu
não fui capaz

tarde toda de terça.
localidade: chasqueiro.
arroio grande/rs.

canseira.
esgotamento das faculdades motoras.
dedos em tremedeira
vaca em recuperação

prolapso vaginal: exposição intermitente de parte
da mucosa vaginal

é causado por um relaxamento do sistema de
fixação da vagina
geralmente acontece nos três últimos meses da
gestação
e pode evoluir em um prolapso uterino,
quando o útero sai pela vagina depois do parto

é mais comum nas ruminantes, mas também
acontece com cadelas

há predisposições hereditárias.

que tanta vaca!
mas que quantia
de vaca!

maldição
eu não queria
o rebanho

defenestro-te, rebanho
defenestro-te rebanho!

socorro
durmo debaixo
de um rebanho de vacas

amanhã tenho que ir
ao colégio
fazer poesia
mas durmo
debaixo de um rebanho de vacas

[fossem os leões marinhos
de cabo polônio:
a poeta fede
a carniça
e glória

e agora tem uma mãe
uma herida fundamental
a lamber e lamber e
lamber]

bodoque

sou eu toda
um tímpano
só
– não sois vós?

o amor nas canções
um assovio pelas costas
fonemas de horror
em frases feitas
pra me amansar

o cão ouve
muitas vezes mais
do que o ser humano

sou eu toda um tímpano só
debaixo da cama
em noite de foguetes

eu toda um tímpano só
me confundo com o mundo

silencia e
poupa as pedras
do teu bodoque

mas o que é mesmo que dizem
enquanto metem
ratos na vagina de uma mulher:

fala!

o que é mesmo que se diz
enquanto se soca
baratas na vagina de uma mulher:

não vai falar?

tu é muda, é?
o rato comeu
a tua língua?

tenho medo de viajar para muito longe

primeiro foi o mar brabo
da praia do cassino
depois do oveiro cilicão
veio a tordilha espoleta
tormenta
uma égua gateada

no verão o mar
nos finais de semana
as éguas os cavalos
petiços
muito depois
e ainda no passado
homem

esqueço teu nome
murmuro um murmúrio
terminado em a
onda

égua
a

*

alguém
muitos alguns
já devem ter montado
cavalo por mar

"eu nunca vi o mar"
iná me disse assim
um sim
que nunca alcancei

alguém muito já deve
ter trepado
verbo mais bonito
pra fagocitose das células
carnívoras

eu em mim me nasce uma língua nova
não necessariamente nova
uma língua outra
nova neste corpo

uma língua
em cuja ponta
esqueço teu nome

*

tenho medo de viajar pra muito longe
e acabar
esquecendo o nome
das árvores que conheço

localidade: passo da esguelada

O cliente ligou a manhã inteira para o pai, querendo saber o que faria com a vaca trancada, a mesma a qual ele havia dado consulta durante a semana. O pai diz que é melhor tirar o terneirinho morto, já que se pode salvar a vaca. Diz que cesárea é mais arriscado no caso de o terneiro estar morto, pois a putrefação cria substâncias tóxicas.

O cliente nos busca de carro, ele o filho, de cerca de oito anos, que fala como adulto. O pai cobra apenas cinquenta reais pelo deslocamento e a consulta, para que o homem não desista de buscá-lo, e assim a vaca não sofra mais.

Ao chegarmos na propriedade, uma pequena chácara arrendada, notei haver muitos bichos na volta da casa. As vacas ficam soltas e os cavalos também. Dois cães ficam presos, por serem brabos, e dois ficam soltos. Tinha uma cabrita que parecia cachorro, de tão mansa. O galinheiro e o chiqueiro também ficavam próximos à casa.

entendes os cachorrinhos
quando te afago a nuca
paralisas
na catatônica esperança de eternidade

e se eu te disser que foram as vacas?

angélica,
o parto de uma vaca
não é uma coisa
simples
envolve um útero
imenso
que rebenta
e frequenta não raro
o lado de fora

um rebento imenso!

o parto de uma vaca
requer punhos
firmes
finos porém

matar uma vaca
não é
uma coisa simples
requer um tiro

certeiro
alto calibre
o ponto preciso longe
do meio da testa
dois cavalos três
ou quatro homens
um guri
quem sabe uma mulher

carnear uma vaca
exige sangrá-la
até a última gota
para que a carne
não termine
preta

sangrar uma vaca
é para exímios

comer uma vaca porém

Descemos até um mato onde estava Jaqueline, a mulher do proprietário, com a vaca doente. Jaqueline vestia botas de borracha e uma bombacha cor-de-rosa. Angustiada, afagava o pescoço do animal, que estava deitado de lado. Logo que chegamos, Jaqueline começou a vociferar contra a ideia de um vizinho, que teria sugerido o sacrifício da vaca. Seu Walter ofereceu-se para degolar a vaca, mas Jaqueline foi irredutível e não saiu de perto dela, para evitar que a matassem. O menino debochava do choro da mãe e o marido não entendia o porquê de tanto esforço para salvar um animal de pouco valor, como é uma vaca leiteira Jersey sem terneiro. "Quê, mãe? Tás chorando de novo? Mas é só uma vaca!". Jaqueline retruca e corre com o guri dali. O marido intervém: "Deixa o guri, Jaqueline! É só uma vaca!". Ela responde: "Pra mim não é! Sou eu que dou comida, ela conhece o meu cheiro! Eu não vou deixar matarem!". O insolente do guri ainda solta um "Então vais comer carne artificial?". Ela não comia carne para não ter que matar as galinhas.

vaca machorra

mata
essa vaca machorra
mata esse animal seco
essa vaca sem leite
mata isso
é sem serventia

mata la vaca machorra
que nada quiere con toros
quien no lo quieren los machos
que mate
el hambre de todos!

mata essa vaca
machorra
a mulher-macho
machorra
que nada quer com os homens
essa vaca machorra
a quem querem as outras mulheres

fura
esse saco de ossos
sem serventia
ora, mata
seu moço sem
serventia
para que servem
os homens

machorra é a mãe
urbe
seu púbere úbere
farto de nadas
e o bendito fruto
de suas fodas mal dadas
tu

cláudio diz que tira leite todo dia de manhã
se ele soubesse que as tetas de uma vaca leiteira
ficam esfolados
não oferecia o pau assim

andava pelo bairro não entendendo
que maldição sobre os seres jogou no mundo as
fadadas à poesia
quando um cão preso no pátio engoliu o latido
que me trazia
só porque supliquei

porque sou mulher
não tenho filho

os ruminantes devem ter uns quatro estômagos
tudo que eles engolem vida afora volta
eu não sei
quantas vezes!

e uma língua só
uma boca só
um cu apenas

mas o escroto de um ruminante
não se rompe assim no más
é muito mais forte que os demais
o saco desses animais
não cai assim
no más

por isso é possível capar os machos ruminantes
pelos mais diversos e experimentais métodos de
emasculação:

empurrar as bolas de volta para dentro da cavi-
dade abdominal
danificar o canal espermático com emasculador
sem machucar a pele do prepúcio destruir as
bolas a marretadas

sangrar não é preciso

tristes toscas engenhosas mandíbulas
as dos ruminantes

como será estar nessa vida
se vendo abortar
o vômito

era noite de celebrar as guampas que acabavam
de me romper o osso da cabeça
não doeu mas que coisa braba
não ser mocha é enveredar contra

nos reunimos em volta do nada
para devorar com farinha o coração de boi
de vaca

a mãe abre o coração passando a faca quase sem
tocar
estica fica fininho e um pedação de carne
bota no forno com alho e sal me lambo

aquela graxa grossa me selando um beiço no
outro: não engoli uma lágrima

como te dizer
não é que nem de galinha, tantos
é tipo rim de ovelha,
só que sem o gosto

de mijo
a guampa o coração

e o coração de uma vaca sem nome
será que se come?

a ciência de se comer uma vaca

um quilo e tanto dentro do peito
cinco reais e treze centavos
por quatrocentos gramas
no balcão do supermercado

no estomago pesa
o que não se sente bater

do matambre ao coração
a cidade se encheu de moscas
porque se encheu de sangue

pros lados de bagé a operação carne limpa
apreende mais de
800 kg de carne bovina, linguiça, frango, carne
de porco, de ovelha e charque peremptoria-
mente impróprios para o consumo

três toneladas de carne bovina e miúdos
impróprios para o consumo
são apreendidos em porto alegre

você já se alimentou hoje?

o cheiro de osso queimado
invadia a sala de aula
o quarto do hospital
não tinha dia certo

na geladeira de anísia
uma garrafa d'água
ovo e as rapadurinhas de leite
que ninguém comprava

não tinha dia certo
comia-se

o cheiro de osso queimado
o matadouro
 nos levava
sem almoço
da fome
à náusea

vocês já viram
o espinhaço
as vértebras
de uma ovelha
no açougue

têm três pontinhas
fininhas
com imaginação lembram
uma estrela pra quem
vê de cima

agora vocês imaginem
que o cão durou uma noite
inteira escarrando a espinha
entalada
de uma ovelha
que mal esperneou pra morrer

amor tripa fina
chichulines o amor
no cardápio de uma parrillada
pança aberta buchada de fora
morrer segurando as tripas

amor chorizo de fel
babar-se pela molleja
preferindo os olhos
da ovelha

amor uma cabeça de ovelha assada
sobre o fogão à lenha fornicar
o osso até achar a pele

babar-se pelo fio do aço
abraçando os intestinos
os pés
no sangue
alheio

a molleja
o timo
um ponto no coração
tanto maiores quanto
menor se for

O pai começa a tocar a vaca e o terneirinho morto. Vê que este não está na posição certa para nascer. Percebe que já mexerem muito nele. Jaqueline mostra as mãos esfoladas e inchadas. Ela e eu, então, seguramos as patas da vaca para que esta não se desloque ao puxarem o terneiro. O pai tenta enlaçar o filhote por dentro da vaca, mas, ou as cordas são muito grossas, ou rebentam. Quando consegue puxar as mãos do terneiro, ele as decepa e coloca de novo o bichinho para dentro do útero, a fim de acomodá-lo para poder tirá-lo totalmente. Jaqueline chora: "pra quê cortarem o filhotinho!".

Meu irmão grita para que eu não olhe, diz que vou desmaiar. Muitas vezes já havia desmaiado em partos de vaca; na cesárea, quando sai aquele cheiro quente de coisa viva de dentro da pança da vaca querendo não morrer, é difícil se segurar. Mas ali não, a barriga estava fechada, o filhote já estava morto.

Depois de muito tentar puxar o bichinho e não conseguir, então, o pai consegue achar a cabeça e puxá-lo pela nuca. Consegue enlaçá-lo inteiramente pelo pescoço. Meu irmão e o dono da propriedade puxam, mas sem forçar em demasia, para que o corpo não se despedace. Jaqueline e eu alargamos a vulva com as mãos, enquanto o pai acomoda o terneiro e ensaboa a vaca por dentro. O corpo do terneiro sai. Em coro, nós duas dizemos "graças a deus". O pai repete. Os outros se retiram.

carancho carajo!
carancho bico de penas

vazio na cavidade ocular
ex-olhos mandingo
negro de briga
o corvo só a olhar saliva
os músculos o sexo a fome por terra preta
que não tem

carancho corvo urubu gavião
a fome por coisa podre
em mim onde será que putrefo
debaixo do céu sobre as pedras que erguem
o abismo
– nos olhos

músculos sexo os ossos o carancho
e sua fome por terra podre
antecipam a pujança em mim
desse miserê

um cão fugiria
ovelhas não são
pra mato

valdecy não sabe carnear, mas gosta de
daguerrear:
laçam a vaca no campo,
a cavalo
valdecy firma o braço enquanto o bicho forceja
– se o bicho soubesse a força que tem!
é a vaca forcejando pra um lado e valdecy
forcejando pro outro
o cavalo velho chega quase a sentar nas patas de
trás
o homem pega a faca, degola
– nada de tiros num quilombo!
a vaca segue forcejando
e valdecy daguerreia
não deixa o bicho disparar
daguerreia
até que sente no laço
chegar à sua mão
depois ao seu braço, depois ao pescoço, ao osso
do peito

aos músculos todos tesos de todos os seus
membros
aos tendões das virilhas esticados como um laço
à barriga do cavalo velho, às ancas
e das ancas até as patas
e das patas até os cascos coitados cravando leivas
no pasto
na terra debaixo do pasto
sente chegar
o tremor derradeiro
aquela tremidinha que a vaca dá
antes de cair de joelhos sobre o próprio sangue
ali a morte é certa

valdecy não sabe carnear
mas gosta de daguerrear

e não lhe peçam ajuda
quando o serviço for
partejar
a fêmea que for, do tipo de bicho que for

valdecy gosta
é de daguerrear

se sobrar cavalo
podes

se sobrar cavalo
tu andas

se sobrar

vais

cair

cavalo

máquina
de tracionar
saudades

monta de um lado
cai do outro

aperta bem esse cavalo
entre as pernas

deixa que te assem as canelas por dentro

não terás relho ou esporas

e quando o cavalo enxergar o rumo de volta pras
casa
te agarra
que ele dispara

e vem sozinho

as porcas e as peruas
se apaixonam pelos homens
que se apaixonam pelas éguas

são vistos troteando
lado a lado
por várzeas e coxilhas

o cão e a mulher
se engatam
presos pela cópula delatora

vai ser necessário sacrificar
o animal

uma vaca furiosa
te passa por cima
te pateia
ganha no mato

uma mulher furiosa
quem sabe

que carinhos tem
uma vaca?

mulher
tu me faz uma galinha com arroz
que eu passei a noite depenando
depenando bichos decepados

mulher
me faz uma galinha com arroz
que eu passei a noite
escaldando pés
de bichos mutilados

mulher não tira essa mão daqui
que a noite andava fria
e essas tuas mãozinhas
tão mais destras do que as minhas
passam a noite
me apartando o fel
do que é de se comer

apalpo as moelas:
amolaria facas
a destreza passou longe
das lâminas no frigorífico

fecho mal dois cigarros em um
duras mãos de carniceira
na beleza de uma carne bem talhada
fumo ligeiro

tivesse suspirado assim antes
pneumotórax me errava

apalpo as moelas
sem olhos de bordadeira
engoliria pedras

Entre as tentativas de encontrar o melhor ângulo para retirar o terneiro, meu irmão, o guri e seu pai tentavam convencer Jaqueline de que a morte da vaca não seria uma grande perda: "não é a mesma coisa que perder um pai, um avô, que a gente lembra para o resto da vida, fica lá no cemitério", "bicho é bicho". Jefferson, o guri, repetia tudo o que o pai dizia, mas já afastado, pois havia sido corrido pela mãe.

Jaqueline repete: "pra mim não tem diferença! Os bichos estão tudo na volta. Eles sabem quando eu chego, me conhecem, sabem o meu cheiro. Sou eu que dou comida. Não tem diferença nenhuma!". O pai tenta concordar sem afrontar os caras, dizendo que as pessoas desenvolvem valor de estima pelos animais.

Depois de feito o serviço, Jaqueline diz que, a partir de então, se ver touro perto da vaca, vai correr na hora! O filho deboha, pois a prenhez tinha sido por inseminação.

Nos lavamos com iodo e voltamos para perto das casas. Eu, meu irmão e o Jefferson esperamos do lado de fora da casa, enquanto o pai faz o receituário e recebe o pagamento. Escuto um pouco da conversa. O dono da vaca diz que foi por insistência da mulher que chamou ajuda médica; conta que ela chorou para sacrificarem uma leitoa que tinha fraturado uma pata.

minha mãe não me viu nascer
parecia que tinham carneado uma vaca
o frio dos ferros entre as coxas
a sangueira pelo chão

escrevo poemas
inseminava

quero crer que as vacas gozavam naquele tempo
de massagem na vulva das vacas
pipetas, luvas, alguém de força que levante a cola
e torça para frente

um lábio contra o outro
para cima e para baixo
para dentro e para fora
uma massagem na coluna
um dedo de cada lado de cada vértebra, aperta-se
força!

o couro é duro o lombo é magro

espuma
saindo quente mugidos disfarçados pelo focinho
o silenciar dos cascos
a hora certa de enfiar
um ferro frio até o útero

matar um touro
é coisa rara
comer um touro
pra desavisados

um churrasco de boi começa muito cedo,
quando o machinho ainda
é um terneiro inteiro
arrancam-lhes os ovos, alguns homens e guris e
os comem mal assados enquanto festejam a
virilidade de poucos

sem as bolas a peça míngua, o pênis
a carne de se comer fica igual a vaca

só que a vaca a gente deixa durar uns dez anos
porque pare
o boi vive de três a dois na pecuária de corte

um touro
quando cobre uma vaca
ele tem uma peça
700 gramas entre 500 quilos

ele tem uma peça
pra encaixar
que nem sempre encaixa bem
são 499,3 kg e uma vida
quadrúpede

tem vaca que não arria
é o cio
mas muitas muitas muitas
se descaderam
desencaixam o eixo das ancas
estragam a carcaça
não prestam pra mais nada

é o cio
dos machos

é mais forte

a grande menarca

nunca que eu vendi um boi gordo
nunca que comprei um potro
do mesmo sangue que eu

com nossa senhora das cabeças de vaca faltei
nas poucas promessas que fiz
não fiz por merecer
nada que prestasse

e eu sei onde tudo começou
a maldição dos imprestáveis:

pequena ouvi uma voz vinda do alto
farfalhada entre bigodes
me dizia um dia
isso tudo vai ser teu

juro por deus eu não via nada
entre as tábuas da porteira
nada que eu pudesse chamar de meu
não se via nada

era céu e pasto e miragens de lonjuras
juro por deus eu não via nada
minha nossa senhora do prolapso vaginal
não tinha nada ali naquilo tudo

foi ali
ali naquela coxilha do chasqueiro eu ganhei o
mundo
uma égua rosilha que morreu baguala
uma terneira mocha
que se largou no primeiro boiadeiro
que passou

"Quando eu fui ganhar o Jefferson, eu não tive dilatação. Foi uma luta pra ele nascer. Eu quase morri". Deitada sobre a vaca, Jaqueline desconfiava até do veterinário. O pai me conta depois que isso é comum de acontecer: "A Deise, lá da figueirinha, se torcia toda, quando eu fazia a injeção nos bichos parecia que era nela que eu estava fazendo".

a ave no pátio
coaxa
se sapo

é o cio

a gata espera à porta
meu gato que não tem
as bolas
gemidos de taquara
rocio sobre rocio

a ave no pátio
assombra–me
o céu que não prefere
vivendo cada dia
como se fosse
o próximo

degolar pelo prazer de ter a língua de alguém
dentro da mão

degola-se para ver como funciona o esôfago
inimigo

em qual cavidade perfura-se
a voz

ali naquela curva
muito se degolou
agora ali naquela curva desvia-se

a vó gosta da cabeça da ovelha e do pescoço da
galinha
eu prefiro os ovos
e o tutano mínimo no espinhaço das lanosas

batata com asinhas é um axé de miséria pras
filhas de oxum

não devo comer charque
não devo comer arroz
com charque
com linguiça
com galinha
arroz com leite

mas posso roer as tuas unhas
engolir teus cabelos
guardar um cílio teu dentro da minha pálpebra

fatiar em rodelas
passar no ovo

depois na farinha
e fritar
ovos de touro
oferecer pras visitas

hay que pegar uma coroa e coroar a cabeça do
carneiro decepada

hay que acomodá-la bem
encaixar a coroa entre as guampas

e pra que não esperneie
uma maneia bem atada nas patas de trás do bicho
cuidando pra que não bosteie

o bicho sem cabeça ignora esfíncter
essa merda toda
hay que

já não sou tão branca
há muito tempo na minha cara se vê
cruza de quê?

de começo e fim
das cores do deserto
diriam os velhos jacaré com cobra d'água

as patas do anu na anca do boi bem que podiam
dar em cria

eu queria as hordas ver arar a verve sem rodeio
amar o seio
antes da fúria

Jaqueline ficou com a vaca, alimentando-a e dando água. Setenta por cento das chances de recuperação advém do cuidado em fortificá-la com alimento e medicação. Enquanto o marido contava a história da leitoa, Jaqueline reiterava sua proximidade com os bichos e ainda o desafiava dizendo que dias atrás, ele e o Vilmar não conseguiram matar uma vaca para carnear porque ficaram com pena. Jefferson completava: "deram três tiros e a vaca não morria!".

Na volta para casa, o dono da propriedade fala das más condições da estrada e diz que só moram para fora porque gostam, que tem vontade às vezes de abandonar a vida no campo. Relata que o transporte escolar tem dificuldades para buscar seu filho, e que isso seria um forte motivo para voltarem para a cidade. Diz que o menino gosta muito de morar para fora: "não sei como saiu tão bagual. Hoje não queria me dar um abraço de dia dos pais porque eu não acordei ele às seis pra assistir o Galpão Crioulo!". O guri, que ouve toda a conversa, completa a fala do pai dizendo que pelo menos deu para ver o Campo e Lavoura.

adão no tempo em que só se comia caça
quem negro era e pra lá do herval vivia
n'aspereza da serra

adão ao que possuísse carne armava arapucas
pombão, jacu, perdiz, tatu
içava a funda contra o que se mexesse

ninguém duvida que tivesse pena
mas na fome depenava os passarinhos todos no
mato
pra que a mãe não se soubesse devorando o
segredo do joão-de-barro

amâncio tinha vontade de segredos comigo
eu sabia
ele não

me convidou pra comer
coração de passarinho
podia
tinha na quinta afinal menos laranja que pardal

dividimos aquele grãozinho de feijão de carne

mas como eu não queria que o bichinho
morresse
e que dor saber que de tanto eu querer
ele ainda vive

doma gentil

adivinhar o pôr do sol no rosa súbito dos prédios
ao leste
prever a velhice das tunas pela altura
ver os cães só quando cagam
a higiene das carnes nos supermercados
das ruas sem cães vadios

na sujeira deste bunker sob um morro que me
rouba o oeste
vadiar-te meu lombo sem que descalces as
esporas lisas
e cuidar que as feridas não me sangrem
que só se perceba que tive dor depois que eu for
coureada

eu com a minha boca aberta beijei porcelanas
tantas
enquanto cacilda me bebia toda

cacilda
i don't want speak english
i wanna to go back to the porcelains

i searched your teeths
cacilda
para saber do que tu não ris
you searched my nails
para ver como me mato a fome

cacilda
i miss you
barr'oca como a cola do tatu

trepada no alto de suas ânsias
cacilda goza de uma visão privilegiada dos
campos neutrais

ah, os campos neutrais!
as flechilhas no chão, os baguais
os baguais
as coxilhas

baguais!

trepada na sacada de um quinto andar
cacilda engole a imensidão e não goza
das quatro patas que preferia ter

todos aqueles cães
eram cadelas

bocetas ao sol
não é todo dia

muuuu

por Angélica Freitas

1.
Um monge pergunta ao mestre Jonshu se os cachorros têm a natureza de Buda. Daquele jeito zen desconcertante, Jonshu responde: Mu!
Mu (無), em japonês, pode significar: não, nada, não existente.

2.
Uma vaca faz um baita esforço para mugir.
Como se traduz "muuuu?"
Como se faz para não trair, mais uma vez, a vaca?

3.
O discurso do poema sob suspeição.
O pega-ratão do poeta velho pau-molão.

Mu.

Mugido como forma de desarticulação.

4.
Ler poemas como quem presta atenção, de verdade,
a uma fêmea de outra espécie.
Para se entender.

5.
Articular para desarticular: bagual, arreios, oveiro,
tordilha. Articular para desarticular: oorzumbífeme,
cariorpincolêndoma, torbuco eligra.

6.
Anotações:

"Silencia e
Poupa as pedras
Do teu bodoque."

*Bodoque é uma atiradeira mas podia ser uma bola de
barro que se disparava com uma besta, também dita
balesta. Bodoque vem do árabe bunduqah. Almôndega,
um bolinho feito de carne de vaca, também vem daí.
Em espanhol, é albóndiga.*

"Sou toda um tímpano só."

tuptein ---> tumpanon ---> tympanum

Bater   Tambor   (Séc. XVII)

"Não ser mocha é enveredar contra."

Mocho: Animal de chifre podado.
Do latim Mutilare.

7.
A voz de Jaqueline, mulher que convive com
fêmeas de outra espécie e delas se apieda: uma voz
que nos faltava. Chegou por meio destes poemas.

8.
Penso numa edição da Coxilha Nativista de Cruz
Alta, um festival de música gaúcha, que vi pela TV
em 1984, quando tinha 11 anos. A canção se cha-
mava "Morocha" ("Morena", em espanhol) e tinha
um refrão que me impressionou e, até hoje, nunca
esqueci: "Aprendi a domar/ amanunciando égua/
e para as mulher/ vale as mesmas regra". Eu não
sabia o que amanunciando significava, mas sabia
que a música era violenta. "Animal te pára/ Sou
lá do rincão/ Mulher pra mim é como redomão/
Maneador nas pata, pelego na cara." Também não
sabia o que era redomão nem maneador. Mas o

cantor chamava a mulher de animal. E prometia: "Te encaroço a laço/ E por mim que abiche".

Na plateia, algumas mulheres protestavam, seus polegares para baixo. Um homem se levanta, claramente empolgado, batendo palmas. O rosto do cantor mostra apenas sadismo. Em seguida, a câmera se detém numa mulher, que ri muito. De nervosa? A barulheira é geral. O cantor, David Menezes Júnior, com um relho na mão, parece ganhar mais confiança com a manifestação dos presentes.

"Sou carinhoso, mas incompreendido".

O grupo musical se chama *Os Incompreendidos*.

O vídeo está no Youtube: https://www.youtube.com/watch?v=2JKY0FoS6bo.

Este livro me vem, depois de muitos anos, como o antídoto disso tudo.

Algumas perguntas para
Marília Flôor Kosby

Angélica Freitas: Marília, me fala um pouco sobre como foi ter nascido e crescido em Arroio Grande, no sul do sul do Brasil, e como isso influenciou a tua maneira de ver o mundo e também de escrever?

Marília Kosby: Tem uma imagem que me acompanhou durante o tempo que preparei o mugido. A imagem de uma figueira, aquela árvore de galhos longos, fortes e baixos, bastante comum aqui no sul. Quase toda estância tem uma figueira. No mesmo galho da figueira, muitas vezes, coloca-se o balanço das crianças brincarem e o gancho onde a ovelha é pendurada quando se vai carneá-la. É possível ver as duas coisas lado a lado, o brinquedo e o bicho agonizante. Tem muitas lendas referentes às figueiras, em que estas seriam lugares onde se enterravam tesouros antigamente, tesouros e homens negros escravizados. O escravo que enterrava o ouro era morto nesta ocasião e enterrado junto, para guardar o segredo. As coisas nascem e crescem assim numa plantation, com os pés no sangue. Essa é uma cena um tanto bucólica e pitoresca, mas o Brasil é uma *plantation*, o Rio Grande do Sul quer ser uma nação — talvez porque ainda não consiga se ver desvinculado do feudalismo.

Quando criança eu sonhava com poemas meus escritos em um caderno. Esse sonho se repetia, mas variava quem os lia. Às vezes era o Roberto Carlos que os cantava, às vezes "um tal de Lamartine Babo". Tentava contar para a minha família, mas o assunto era encerrado com um silêncio meio assombrado. Durante muitos anos eu não sonhei mais. Minha avó paterna, que morreu quando eu tinha nove anos, fazia "romances de cabeça" — uma irmã dela me contou isso quando lancei meu primeiro livro. A vó nunca escreveu seus romances, tampouco falava o que pensava com eles. Acompanhou minha alfabetização, tinha livros em casa, e eu morei nos fundos da casa dela por uns anos. Não se atreveu a dar materialidade para as palavras porque sabia do perigo que traz o ato de escrever, do quanto é desafiador para uma sociedade patriarcal agropastoril - que quer atribuir ao agronegócio a virtude por qualquer riqueza que apareça — quando alguém diz que seu esforço deu em palavras, em música, que não foi preciso explorar ninguém para que algo potente surgisse. Porque esse algo potente, quando está no corpo de uma mulher e age a partir dele, desorganiza, desordena, causa ruído nos retumbos da marcha do centauro dos pampas, que ainda se ouve por aqui. Pode haver autores homens que tentam lidar de forma mais disruptiva com essa violência da vida campeira, e a misoginia, que povoa o imaginário da chamada "cultura gaúcha". Mas Uma mulher escrevendo de dentro desse mesmo universo, com a sua cabeça de vaca louca, seu corpo confinado de vaca louca, a menos que se mutile, não dirá palavras com a mesma língua que um homem, por mais inovador que este se julgue ser. A Luisa Valenzuela, em "Peligrosas palavras", chama a atenção para a metáfora da vaca louca e seu (nosso) cérebro esponjoso. Eu prefiro chamar a atenção para a metonímia do abuso e da exploração que, seguindo o mesmo fluxo hegemônico, destrói os corpos das fêmeas. A metáfora me serviria mais para o canibalismo ao qual são submetidas as vacas que contraem essa doença, quando mulheres servimos como ração umas às outras. Aqui cabe dizer que quando falo do mundo campeiro, de estâncias e campanha, coloco-me como uma mulher branca em cuja família estiveram os patrões. Sendo assim, se vozes como a minha não se somarem a vozes de mulheres negras, meu grito chegará com menos força aonde tiver que chegar.

Se eu não tivesse com meu corpo saído de Arroio, talvez nunca mais tivesse sonhado com poemas. Se eu não tivesse me colocado em movimento, não haveria esse intervalo que eu preencho e animo com poesia, e que me permite estar lá e fora de lá ao mesmo tempo — essa imensa fronteira que eu arrasto comigo. Tanto que voltei a sonhar novamente com poemas, e então compartilhá-los, na primeira vez em que morei longe de casa por mais tempo. No Rio, em 2008. Até então era a experiência mais radical de viagem que eu tinha tido. Mas isso é bastante pessoal, tem pessoas que fazem coisas interessantes numa postura mais sedentarizada. Eu não fui capaz.

A.F: Teu pai é veterinário e te levava pra algumas visitas no campo quando tu era pequena. Quantos anos tu tinha quando fez a primeira? Teve muito impacto pra ti? Tu chegou a escrever sobre essas visitas antes de escrever o *Mugido*?

M.K.: Eu nasci nesse ambiente, de estância, chácaras, vacas, cavalos, galinhas, ovelhas, porcas, etc. Porque a família do meu pai plantava arroz, criava gado. O fato de o pai ser veterinário me possibilitou transitar, conhecer diferentes formas de se relacionar com os bichos. O veterinário é uma figura intermediária, atravessada por éticas diversas, às vezes contraditórias. Não tenho como saber quando foi a primeira vez que o acompanhei. Lembro que eu ajudava mais nos atendimentos individuais e noturnos, como nos partos das vacas, alguma cirurgia específica, urgências. Já o meu irmão, pouco mais novo que eu, participava das atividades com rebanhos, que envolviam mais homens e o uso do cavalo. A gente ia para fora todo final de semana e às vezes durante a semana, era cotidiano, até os meus 12 ou 13 anos. Ali na fronteira com o Uruguai, a gente fala que vai "para fora" quando está indo para o interior do município: "fulana mora para fora", "ontem fui lá fora". Eu não escrevia nessa época, tampouco conseguia tocar naquela vida como algo que me constituía, parecia que aquele modo de viver tinha que ser deixado para trás, esquecido a cada vez que voltávamos para a cidade. Enxergava esses eventos, pois eram a minha vida mais elementar. Comecei a perceber quando me afastei. Ela parou de acontecer. Na adolescência, a minha família já não tinha mais lavoura e nem rebanhos, então fui ficando cada vez mais pela cidade – embora a cidade seja até hoje bastante rural; a rua onde eu morava ficava no final do perímetro urbano, que aliás, era bem pequeno. Tinha sempre uma vaca que comia o jardim da minha mãe ou um cavalo que quebrava a beira da calçada. Quando, em 2010, já trabalhando como pesquisadora no INRC da Lida Campeira, eu me vi voltando para esse universo, depois de anos afastada da vida para fora, passei a acompanhar o pai nos atendimentos, eventualmente. Então, as experiências anteriores voltaram à cena, e comecei a fazer os diários, esboçar os primeiros poemas. Vi que essa vida junto aos animais de criação me constituía, era parte de mim, era uma referência muito forte para o meu jeito de estar no mundo e que as mulheres existem nesse mundo para além de como "las intrusas".

A.F.: Você é antropóloga. Estudar antropologia te deu algumas ferramentas para escrever poesia?

M.K.: A antropologia, como ofício, me impõe algumas pautas de experiência de vida, de leitura, escrita. "Por que uma mulher se ofende quando chamada de vaca e um homem se orgulha quando chamado de touro?" Essa pergunta atravessa a pesquisa da antropóloga Ondina Fachel Leal, junto a gaúchos, na década de 1980. Um trabalho que nunca foi traduzido para o português, por "recomendação" de alguns de seus colegas homens.

Mas o manejo, a lida, faço com a poesia. O laço com que a gente laça a vaca, ele é feito com couro de vaca.

A.F.: Sei que você estuda a relação do homem do campo com os animais. Descobriu, nessas andanças, algo que te surpreendeu ou apavorou ou maravilhou? Pode escrever um pouquinho sobre isto?

M.K.: Acompanhei peões de estância, domadores de cavalos, alambradores e demais trabalhadores da pecuária extensiva aqui do pampa. E também alguns pecuaristas familiares. Não é fácil sobreviver nessa lida bruta, trabalho pesado e total. Herança ou continuidade escravocrata? O avanço da exploração mineradora no pampa me apavorou, os riscos imediatos que traz para a vida nesse lugar. O desrespeito com os quilombolas também. A indústria da carne sempre me apavora, a indústria da matança, da carnificina, da fome, financiadora do estado facínora do estado brasileiro. E não estou falando de fomentar formas de alimentação alternativas ao carnivorismo. Sequer se pode tratar de alimentação nesse caso, já que boa parte da carne apodrece sem ser consumida. As charqueadas já eram assim. Não mudou, a indústria frigorífica é uma das que mais apresenta acidentes de trabalho e lesões corporais por esforço demasiado. É sangue de gente e bicho. Nas charqueadas já era assim.

A surpresa foi enxergar as mulheres. E me ver entre elas. As fronteiriças, os seres "intersticiais" da Glória Anzaldúa, que fazemos de nosso não-pertencimento identitário, de nossa ausência, a presença mais potente e criativa. Fora do mundo, estamos entre mundos, às vezes mais próximas das vacas enquanto fêmeas do que dos homens enquanto machos humanos. Transitamos, atravessamos. E fazemos disso a nossa liberdade.

A potência de nossa presença no universo masculino dos gaúchos. Poder escrever um livro de poemas a partir desse reencontro é uma maravilha. Junto com outras mamíferas, então!

A.F.: A poesia brasileira é muito urbana. Me parece que esse teu livro novo traz uma coisa inédita, que é a relação entre as mulheres (do campo) e os animais do campo, e também há um foco no animal fêmea, na vida desse animal e no seu sofrimento. Pode falar um pouco sobre isso?

M.K.: Como se faz um rebanho? Em termos gerais, dentro de uma visão mais tradicional, de um olhar doméstico, tu selecionas os reprodutores, que vão ser bem poucos, poucos machos vão crescer como touros, os melhores. Os outros são castrados ainda jovens. Marcam-se todos, machos e fêmeas, com a marca do proprietário. Os bois, que são os machos castrados, vão para o abate logo. As fêmeas duram mais, enquanto gerarem boas crias. As técnicas para se fazer um rebanho são muitas e variam. Um rebanho se faz com muitas fêmeas e raros machos viris. Machorra, nos dizem. Machorra é a vaca estéril, a vaca que não dá leite, a cabra que ficou velha e não pega mais cria. Machorra é uma palavra usada para insultar mulheres homossexuais, usam como sinônimos. Tu te sentes estéril? Até onde eu sei não há nada de errado com o meu útero. Mas é que as nossas crias prescindem de um homem, denunciam a obsolescência deste, num modelo de masculinidade muito estreito e frágil, e por isso tão violento. A mulher do campo, que convive tão próxima aos esses animais de criação — que são aqueles que a gente também come — que os vê morrer, copular, parir, tem uma experiência transespecífica com os corpos das outras mamíferas, que é visceral. São fêmeas todas, a mulher reconhece seu útero, suas tetas, sua vagina, sua libido, seu fenecer, pelas vacas, as porcas, as cabras. Elas falam de si pelas outras e vice-versa. As mulheres têm uma língua, as das vacas eram muito apreciadas pelos europeus, iam enlatadas para lá, como iguarias. Que modelo, que espelho tem a mulher urbana? Como será existir dentro de um espectro de humanidade que se impõe como condição única de relação, criando pets obesos, hipertensos, depressivos? Será a mulher urbana mais docilizada? Mas por que elas ainda são assassinadas? O que está implícito no fato de olhar uma carne no supermercado e não saber de que corpo ela veio, de que vida? O que tem para nos dizer uma mãe negra da periferia de qualquer cidade brasileira sobre crescer com os pés no sangue?

A.F: Como surgiu esse livro, e quanto tempo você trabalhou nele?

M. K.: Surgiu quando voltei a ser doula de vacas. Trabalho nele desde então. Lá por 2010 ou 2011.

A.F: O que te leva a escrever poesia? O que você busca?

M. K.: Não sei. Mas sei que busco estar viva. Bem viva. Xucra.

poesia na coragem

Mugido
Marília Kosby

Desgarradas
Juliana Flor

O que carrego no ventre
Marcelo Martins Silva

www.editoracoragem.com.br

Este livro foi composto com fonte tipográfica Cardo
11pt e impresso sob papel pólen bold 90g/m² pela
gráfica Evangraf para a Coragem.